閃耀台灣 二

台灣鄉村景觀

1860-1960

徐宗懋圖文館／製作

目錄

閃耀台灣　福照寶島

　　「閃耀台灣」系列畫冊，一套八冊，分別為《台灣城市建築 1860-1960》、《台灣鄉村景觀 1860-1960》、《台灣山鄉原民》、《台灣近水部落》、《台灣原生物產 1860-1960》、《台灣自然生態 1860-1960》、《台灣往日生活》、《台灣古早容顏》。

　　此八個主題，時間跨越清代、日本殖民時代、光復之後，涵蓋早期台灣的人文生活以及自然景觀，從人們的食衣住行育樂，到鄉野山川中的美麗景致和原始型態皆收錄其中。這些內容、材料均是徐宗懋圖文館過去 20 多年來耗費巨資購買照片原作，以及累積精湛的照片修復技術工藝，所取得歷史照片領域最高的成就。

　　這套畫冊以「閃耀台灣」為名，台灣這座島嶼無論視野所見，亦或是蘊藏的內涵，都如同寶石般閃閃發光，是閃耀的寶島，期許能將台灣這座寶島所經歷、流淌過的歷史，以照片圖文的形式，親切、大眾化的傳達給大家。簡言之，這一套書代表了閃耀的台灣，福星高照寶島，是一套傳世不朽的台灣歷史影像。

鄉村純樸的生活與景觀

建築型態不僅是人類文明的主要代表之一，也是社會、家庭與個人具體生活所依。台灣建築的時代演變代表著物質與精神的進展軌跡。《台灣鄉村景觀 1860-1960》這本畫冊收錄了 1860 到 1960 年間，台灣鄉村的建築樣貌。依照時間排序，我們能夠清晰看到不同時代背景下，鄉村景觀的風貌轉變。

清代鄉村地區，地主大戶興建巨宅大院，甚至有歌台舞榭的大花園，中等地主則是傳統三合院，一般貧苦的佃農則住在傳統的土角厝或簡窳的稻草屋內。日本殖民台灣以後，雖然城市建築受到了大規模的改造，住宅型態隨著不同身分也有頗大的改變，但是農村的建築物分布則甚少變化，從清代、日本殖民，一直到光復初期，其風貌大體上是一致的。

在呈現以上台灣建築時代的變化上，台灣影像紀錄並不平均。像是清代的影像十分稀有，只能依靠日本殖民時期的影像資料，如《台灣寫真大觀》、《台灣寫真帖》、《日本地理大系》等。因此，技術上我們除了充分運用日本官方和半官方的影像資料外，也盡量補充民間和外國的紀錄，讓這本畫冊更能夠完整地反映百年台灣鄉村景觀變化的風貌。

清代台灣府城外圍砲台之珍貴圖像 　（8頁）

1870年代初，清同治年間，台灣府城外的砲台，是清代舊式砲台後期的樣式。牆上有大砲，砲口就設在雉堞之間，此外在雉堞上還挖有槍口，以便砲台官兵用槍還擊接近的敵人。

本圖取自1893年出版法國人于雅樂（Camille Imbault-Huart）所著《福爾摩沙之歷史與地誌》（L'île Formose，Histoire et Description）。該書內容詳實嚴謹，是西方第一部系統性介紹台灣的書籍，被視為西方的台灣學之權威著作。此圖為少數台灣府城建築遺影之一，十分珍貴。

熱蘭遮城遺址

1870年代，荷蘭人城堡熱蘭遮城的遺址，只剩下殘垣斷壁，以及周邊的茅草屋。明鄭時期，政治中心逐漸移到府城內，並以赤崁樓為承天府，為鄭氏王朝的王宮，原熱蘭遮城逐漸荒廢。1868年，英國軍艦因為樟腦事件，發砲擊毀熱蘭遮城，遂成一片廢墟。這張圖片為木刻版畫，仿自英國攝影家約翰湯姆生拍攝的著名作品。

打狗玫瑰聖母堂前身西班牙多明尼哥教堂之珍貴歷史圖像

1870 年代，打狗道明會多明尼哥聖母堂之圖像，即今日高雄玫瑰聖母堂的前身。此圖原刊於 1893 年出版法國人于雅樂（Camille Imbault-Huart）所著《福爾摩沙之歷史與地誌》（L'île Formose，Histoire et Description）。此圖是根據 1870 年代攝影作品所製作的木刻版畫作品。圖說註明是「打狗多明尼哥教堂」，即道明會多明尼哥教堂。1859 年，西班牙殖民地菲律賓的道明會派兩位神父郭德剛和洪保律到台灣打狗傳教，一開始以茅草屋為臨時傳教所，1863 年以紅磚和三合土興建完成西班牙風格的教堂，並由西班牙供奉聖母像來此，正式命名為玫瑰聖母堂，即為此圖中的教堂。直到 1928 年才大規模重建，改為哥德式建築造型。此後約 70 年間，此教堂的宗教地位不斷提升，教堂建築亦再度大規模修建，1998 年被封為主教聖殿。2001 年在行政院文建會主辦的台灣歷史建築百景活動中，被票選為第一名。由於此圖是高雄玫瑰聖母教堂約 150 年前的原始面貌，而且是唯一清晰的圖像，為十分珍貴的歷史影像文獻。

淡水紅毛城中式外圍城牆之珍貴圖像

1870 年代初，清代同治年間，淡水紅毛城中式外圍城牆。
紅毛城的前身是 1826 年西班牙人所興建的聖多明哥城，
後來荷蘭人驅趕了西班牙人，此城被毀，荷蘭人在附近重
建安東尼堡，被漢人稱為紅毛城。1724 年，台灣府淡水捕
盜同知王汧重建紅毛城，增建中式外圍城牆以及四個城門，
擴大了紅毛城的面積。1867 年，英國政府租用紅毛城作為
領事館，以處理日益繁忙的淡水商貿與關稅事宜。此照片
即拍攝於那一段時期，中式外圍城牆的雉堞清楚可見，此
乃中式城牆的典型結構。此時，紅毛城的外圍城牆實際上
已經貼著淡水河面。此圖像取自 1893 年出版法國人于雅
樂（Camille Imbault-Huart）所著《福爾摩沙之歷史與地
誌》（L'île Formose , Histoire et Description）。由於日
本時代此外牆遭到拆除，此圖為極少數僅見者，故十分珍
貴。

新竹東門城

1890 年代末，新竹城東門城。乙末割台，日軍以武力接收台灣，近衛師團即為攻台主力。1895 年 7 月 31 日，近衛師團司令北白川宮能久親王進入竹塹城，四位新竹城民代表在東門城迎接。五年後，台灣局勢逐漸穩定，原由日本陸軍管轄之各地城池，改移交給地方政府，城牆至此已喪失軍事用途與意義。其中，新竹北門於 1901 年因失火而焚毀。1905 年，新竹州廳公布城市改造計畫，開始拓寬道路，並準備拆掉城牆與城樓，南門、西門及城牆悉數被拆，改築道路。至於東門城之所以沒被全部拆除，有一說法是，因為東門城樓又名「迎曦門」，日本國旗即太陽旗。「迎曦」宛如迎接日本一樣，且當初日軍是從東門進城的，對殖民政府而言，具有紀念意義，於是東門被保留下來。

1935 年，東門城被指定為古蹟。因為連接了火車站、新竹州廳和市役所等重要機構，成為新都市的中心點。東門城廣場除了做為民眾休憩的場所外，也是官方活動的主要據點，諸如，新竹神社升格祭之餘興節目、消防隊每年的救火雲梯表演，都是在東門城廣場前舉行。當年，民眾可以自由登上東門城樓，觀景、照相或繪畫，東門城逐漸成為新竹的文化圖騰。

新竹城牆的歷史典故

1890 年代末，新竹城牆，始建成於 1829 年，最早稱為淡水廳城。淡水廳初設於 1723 年（雍正元年），清代行政區劃為北台灣政經中心。淡水廳隸屬於台灣府，廳治初期暫設於彰化縣城，1731 年遷至沙轆（今沙鹿區），1733 年始遷入廳治竹塹城（今新竹市），自此之後，竹塹城成為北台灣政經文化教育的中心。新竹古名竹塹，廳城初期並無城牆，僅在四周遍植莿竹。台灣地處大清東南海外，又曾為反清復明根據地，所以清廷採「易失易復」政策，禁止在台築城。

1806 年，因民亂之故築起土圍。1826 年時，竹塹士紳鄭用錫等人奏請改建竹塹城，清廷終首肯建城，於是重新勘定地基，於 1827 年興工，1829 年建成磚石城垣，名為淡水廳城，又名竹塹城。築造周圍為八百六十丈，高度一丈五尺、深度一丈六尺的磚石造城牆，並建立四座城樓，東門為迎曦門、西門為挹爽門、南門為歌薰門、北門為拱辰門。

石城新建導因於海盜作亂，次因為閩粵械鬥。圖片顯示，當時竹塹城內（圖右）及城外（圖左）都有住家，且皆為閩籍。竹塹城往南到客雅溪流域，為閩粵交錯。往北過頭前溪至竹北一帶，粵籍成為多數。往東的竹東、芎林、新埔、關西，更是粵人占最大宗。另外，再加上竹塹東南一帶的生蕃出草習俗，在當時仍是頻繁。這些皆令閩人深感憂患，故支持建石磚城。

清代南台灣農村廍亭之珍貴照片 （20頁）

1870 年代初，清同治年間，南台灣農莊。前方右側有一尖型茅草屋頂的廍亭，此為西方攝影師愛德華茲所拍攝清代台灣的珍貴照片，如實記錄了農村景觀。本圖取自 1893 年出版法國人于雅樂（Camille Imbault-Huart）所著《福爾摩沙之歷史與地誌》（L'île Formose，Histoire et Description）。廍亭即傳統的製糖所，台灣傳統製糖技術隨著福建移民傳來台灣，廍亭內的工作包括採蔗、榨汁與煮糖等工序。為了維持寬敞的工作空間以及保護工作器具，廍亭的體積寬大，屋頂呈現尖型。由於製糖是農村重要生計，南台灣許多村莊均可見廍亭，今天高雄甲仙白雲山在清代道光年間即初名「廍亭尖」，後名廍亭山，即取其形，為南台灣著名山岳，即源於此典故。（農村生活顧問：游永福）

清代南台灣平埔族村落

1870 年代初，清同治初年，南台灣的平埔族村落，房屋為木造，以茅草覆蓋屋頂，屋前為寬廣的空地，後方有高大的樹林。族人依長幼尊卑，站坐有序，顯示是有地位的家族，整體上形成 19 世紀台灣的優美畫面。此照片推測為西方攝影家愛德華茲的作品，刊載於 19 世紀法國的刊物上。

清代高雄埤仔頭庄舊城壁

1860 年代，清朝時期設置的鳳山縣治理地帶，康熙年間在此設立了縣署。康熙六十年代，下令建築城牆，劃分出城牆內部和外部，在當時極為繁華。而乾隆年間縣城則改遷至鳳山太竹橋，此地便因此稱為舊城，人潮流失。道光年間曾再次提議修復。這張是由一位日本學者尾崎秀真收藏並撰寫文字紀錄的珍貴歷史照片，他對於台灣歷史文物十分感興趣，並曾積極大力推廣相關文化。

清代台灣鄉間的中式牌坊

1860 年代，清同治年間，台灣一處鄉間的中式牌坊。這是中國傳統建築中非常重要的類型，傳播至朝鮮半島、日本、韓國、越南等地，分布在市坊街道、寺廟、祠堂、園林等地，功能則是紀念功業和孝節等事蹟，質材則有木牌坊、磚牌坊、石牌坊等，其造型已經被視為中華文化的象徵。海外不少唐人街的入口常豎立中式牌坊，作為華人商業區的代表形象。清代，全台各地城市鄉間有許多牌坊，尤其在歷史悠久、典故豐富的台灣府城、彰化城、嘉義城一帶，均可見各類的牌坊。此照片推測是最早來台灣的西洋攝影師之一的愛德華茲所拍攝。

清代台灣鄉間景致與時光　（28 頁）

1880 年代，清光緒年間，台灣鄉間景致，茅草屋和土角牆，池塘中有水牛和鴨子，土路兩旁長著竹叢和樹叢。一個農民踽踽獨行，日出所作，日入而息，過著純樸清貧的生活。幾百年來均如此，時間彷彿靜止一般。

台北特一號排水溝之珍貴照片

1935 年左右，台北市堀川通（新生北路）一帶。堀川（日語：ほりかわ），又稱「特一號排水溝」，是台北市在日本時代開闢的水渠，兼具防洪和排水的功用，從台北帝國大學西側直到基隆河口，興建於 1933 年，其兩側闢有道路，為堀川通，至於堀川流經的地區為堀川町。由於特一號排水溝鄰近瑠公圳，常被誤為瑠公圳。後來，堀川通改名為新生南北路，排水溝改為地下水泥箱涵。照片遠方有煙囪，為基隆河南岸的磚廠，自清代即有。

台北霧裡薛圳之珍貴影像

1920 年代末，霧裡薛圳第二支線水道，大致與今天的新生北路並行。景美溪原名霧裡薛溪，清代乾隆年間，一群墾戶聯合集資由霧裡薛溪引水興建的灌溉渠道。灌溉範圍涵蓋台北盆地南側與西側的田地，開渠時間早於瑠公圳。其第二支線水道穿越今天的溫州街，經過師範大學，大致與新生北路並行。1901 年，總督府將霧裡薛圳、大坪林圳和瑠公圳均列為「公共埤圳」。1907 年，更一起併入「瑠公水利組合」進行統一管理，並且整合規劃和修建，以利於灌溉功能，因此，霧裡薛圳也常誤為瑠公圳。此外，「特一號排水溝」與霧裡薛圳有一段相鄰，因此也常被誤為瑠公圳。

近年在討論此議題時，經常將「排水溝」與「圳溝」兩者混淆。前者是城市的排水系統，包括疏洪和各種廢水的排放，屬於環境保護與衛生系統。隨著城市人口增加，道路拓寬，污水量大增。排水溝大多改為水泥箱涵，埋於地下，成為地下污水道。至於圳溝則為灌溉水道，隨著農地改為住宅和道路，其原始功能即喪失，結果是陸續填平，並非埋在地下，而是永遠消失了。事實上，圳溝原來也是平地挖出來的人工水道。近年，重建瑠公圳成為熱門話題，主要是繁忙擁擠的台北城市生活中，人們興起了對優美平靜田園生活的渴望，瑠公圳重建激起了田園城市的美好想像。此張照片右側可見一處埤塘以及日式的橋樑，台北水系豐沛，盆地農田間，溪流、圳渠、埤塘等遍布，最早的台北實為美麗的水鄉城市。

大稻埕通往台北東側道路

1930 年，大稻埕通往台北東側道路（今民生西路），反過來看遠處即為淡水河方向。此處屬於台北的郊區，路旁也散落著日本人的住宅。一般而言，日本官員和商人等較富裕的家庭居住在原台北城外的南側和東側，最高級的則是在東北側的大正町，其他一般日本人則散居在以上地區外的郊區或山坡地。

台北南港

1930 年代，台北南港，隸屬台北州七星郡內湖庄，其名係
與基隆河對岸的汐止「北港」相對。清代此地為南港仔庄
及南港仔街。1931 年，台北到基隆間的公路通車，南港被
納入北基公路一環，完成水路、鐵路和陸路的交通主幹。
日本統治初期，南港茶業、煤礦與磚瓦業蓬勃興起。

台北草山的日本人住宅街道

1930 年代，台北草山日本人住宅街道，照片右布告欄貼著「城東住宅土地利用組合」的告示。「城東住宅土地利用組合」成立於 1929 年，為響應當局，幫助來台日本人，提供低利貸款，達成日本人「住者有其屋」的目標。當然，同時還有許多其他的住宅土地利用組合，均為日本人所經營。

日本時代，草山地區全力推展溫泉利用，以及大屯山造林運動，使其長滿芒草，童山濯濯的草山，變成目前蒼鬱的森林，日本的賞花及溫泉文化亦在此復現。草山高處，有許多溫泉旅館、招待所等等，有些日本從業員，選擇在草山街道上定居。街道上有一中學生在騎單車，遠處還有公共汽車的招呼站。

草山即今天的陽明山，清代因防止盜匪藏匿，定期放火燒山，常呈現光禿的山形。日本時代，加強植樹工作，同時由房地經營公司在較低的山區興建日本人住宅區。儘管興建了一些招待所和溫泉設施，但畢竟開發時間不長，又因離市區偏遠，地價低廉，住宅主要提供本地日本從業人員居住。照片顯示草山的日本人住宅品質檔次低於東門的日本人住宅，與大正町的日本人高級住宅區更相去甚遠。儘管如此，後來草山改名陽明山，蔣中正總統行館位於草山，文化大學設立在此，造型洋化和環境優美的美軍宿舍興建，以及各種自然公園設立等等，此處成了集高等學府、優美房舍，以及大自然風光於一體的台北後花園，如此更吸引了高級別墅紛紛沿著仰德大道興建起來。「住在陽明山別墅」成了一個人經濟與社會地位的同義詞。而此後半世紀間，陽明山花季、大屯自然公園、七星山、小油坑……等等，也逐漸成為台北人成長過程中反覆造訪流連的原鄉記憶。

大正町往圓山方向的民居和稻田　（40頁）

1930年代，大正町往圓山方向的民居和稻田，房子後方是基隆河。這個地貌顯示大正町和敕使街道的北側散布著稻田和民居，這裡仍有一些種田和養鴨的農家生產活動。

台北近郊的農田和房舍

1930年代，台北近郊的農田和房舍，推斷位置應該在今天新生北路一帶，右側是傳統台灣的民居，左側的房子較新穎，應是日本時代的街屋。

淡水稅關監視部與郵便局

1920 年代，淡水河岸景觀。上方第一排建築，右側為淡水
稅關監視部，左側為淡水郵便局。日本殖民初期，延續清
朝淡水國際貿易的特點，仍有許多外國輪船停靠淡水港，
所以當局設立海關處理相關事務。稅關當中的監視部，為
針對港口往來的貨物、船隻、人員執行稽查工作。淡水郵
便局落成於 1917 年，屬維多利亞式建築風格，造型優美，
1969 年毀於祝融。

優美浪漫的滬尾港 　（46 頁）

1930 年代，滬尾的民居，主要以閩南式的建築，以及西方
洋樓建築為主，紅白相間，加上遠處的樹林和海洋，形成
優美浪漫的氣氛。淡水河上行駛的貨輪，代表著滬尾港仍
然扮演進出口口岸的角色。

宜蘭孔廟原貌：全台最美的大成殿

1920 年代，宜蘭孔廟的宏偉建築。清同治四年（1865 年），宜蘭舉人黃纘緒、拔貢黃學海、李逢時與士紳林國翰等人，鑑於自嘉慶年間噶瑪蘭設廳後，尚無文廟，於是創議在縣衙（今宜蘭醫院左側新民路與崇聖街之間）興建孔廟。但經費不足，僅建成泮池與櫺門。同治七年（1868 年），邑人楊士芳進士及第，與舉人李望洋、鄉紳黃鏘等再度發起，地方人士響應，建廟董事多達一百二十人。工程於同治 8 年（1869 年）8 月 15 日動工，由知縣丁承禧定分金，仰山書院山長舉人陳維英仿台南孔廟型式，繪製建築圖稿，採坐北朝南方向，格局完整，歷時十載完成，耗資銀元十萬元。

光緒元年（1875 年），噶瑪蘭廳改制為宜蘭縣，於廟中設置儒學，明倫堂即該年完工。至光緒四年（1878 年）先後完成萬仞宮牆、青雲橋、牌坊、禮門、義路、儀門、櫺星門、天井、兩應、兩廂、大成殿、崇聖祠、禮庫、樂庫、奎文樓等建築。其中，以「全台最美大成殿」聞名，不僅為孔廟建築群中的標的，亦成為當時噶瑪蘭城的重要地標。廟內有立於光緒七年（1881 年）之「臥碑」，乃清廷禮部刊布，用以曉諭生員，讀書在於明禮，福國先於利民的仕人思想。

日本統治初期，宜蘭孔廟曾被充作衛戍病院，之後，逐漸荒廢。1903 年，鄉紳陳掄元捐資倡議重修，1907 年，由宜蘭廳長中田氏主持孔廟修復工程，為官方主持孔廟修復之最早者，經費籌措全由民間招募。1920 年，大成殿大柱受蟻蝕嚴重，加以地震頻仍，致使大成殿及東西廡牆壁龜裂，再次進行實際的修復。1923 年後由台灣總督府接管。二次大戰期間，因改為糧秣倉庫，遭盟軍轟炸。

光復初期，宜蘭孔廟主體建築已碎瓦敗椽，幾成廢墟。1964 年 8 月 5 日，宜蘭縣議會同意將舊廟土地從宜蘭縣轉移給宜蘭市公所，作為中央市場使用。之後，在北門外重建孔廟，但其古貌已不復存。新孔廟在建立時，由於經費等因素限制，格局上並未完全按照舊制，但仍具備傳統孔廟應有的配置。

羅東街

1920年代，宜蘭羅東街，為當時羅東郡役所的所在地。左方的建築為西式磚造，屋頂上裝飾以繁複的石雕。路上有兩台當時最新引進的汽車，不過道路仍為砂礫道，行駛上較為顛簸並且容易損傷輪胎。中央的鐵道為行經太平山森林的重要路線，是負責運送木材的產業道路，日本時代發展木材產業，而木材品種主要以紅檜、杉木、楠木為主。

蘇澳街

1920年代，蘇澳街，為蘇澳郡郡役所的所在地，位交通上重要的據點，也是當地物資集散的中心點，因有樟腦會社出張所、豐富的漁場、山區大理石、製冰所、產業會社等等。蘇澳驛東南545公尺處有一砲台山，為清朝光緒十五年鄭雲泰所建，今已成殘跡荒涼地。但站在山丘上，令人眼界大開，太平洋盡收眼底。北部七星山下湧出的碳酸冷泉，製成的飲料，在海水浴場最受歡迎。

南方澳漁港

1930年代，南方澳漁港。位於宜蘭蘇澳港內，三面環山，地形條件良好，又近漁場，漁源豐富，為天然良港。目前有三個漁港，照片中為日本時代修建的第一漁港，風光宜人，逐漸發展成台灣東部的遠洋漁業基地，今天則成為集捕魚、海產美食和旅遊於一體的觀光聖地。

竹南街

竹南街位於新竹街南方 11 哩。從基隆起點的縱貫鐵路，到
了竹南街就分岔為海線和山線。山線經過台中市，往南到
追分站，山線和海線，再度合一南下，對於南來北往的民
眾而言，相當便利。隨著經濟的發展，竹南車站的客貨集
散，益加繁忙，即便居民的生活水平不高，但仍具備大幅
發展的空間。

苗栗街

1920 年代，苗栗街，為台灣北部的水果集散地，如同員林是台灣中部的水果集散地。而苗栗街的名產有柿子、西瓜與枇杷。苗栗街位於新竹街南方 20 哩，是台中線火車上的重要車站。靠近山區的出礦坑為台灣石油的第一產地。至於後龍港，也是其附近山區，則以水果集散地聞名。當時的苗栗街，人口約二萬，是台灣島嶼上粵籍人口最多的城市。

員林街

1920年代，員林街，日式的洋風紅磚建築和舊式閩南建築混合林立，當時的人民多穿耐磨耐髒的棉麻布衣，旁邊則有人力車作為有錢人家的代步工具。員林是日本時期出產柑桔與芭蕉的盛地，鳳梨的品質也十分良好。殖民政府特意設立了「員林芭蕉檢查事務所」，表示員林的大宗農產品是芭蕉。

台中州埔里街

1920 年代，台中州埔里街，隸屬能高郡，儘管是小地方，但因銜接中部山區原住民部落，為重要的行政地域，故頗具名氣。

霧社村落

1930年代，中部泰雅族的霧社村落，這張照片拍攝於霧社
事件之後，具有很高的文獻價值。照片顯示泰雅族居民的
房舍已非傳統的茅草屋，亦非典型的日式房屋，而是介於
兩者之間，具有日式房屋的外觀造型，但卻以木板建成，
反映原住民本身的經濟水準。

最早最完整赤崁樓之珍貴影像 （64頁）

1895年，日軍進駐台南府時所拍攝的赤嵌樓照片，此時赤崁樓四周滿布樹木草叢，尚未整修，1911年遭颱風吹毀的五子祠也還在，故為最早、最完整赤崁樓的珍貴照片。此時「赤崁五座」俱在，包括三樓閣二平房的「海神廟」、「文昌閣」、「五子祠」、「大士殿」、「蓬壺書院」，均面朝西海岸的方向。照片顯示，樓閣右起「海神廟」、「文昌閣」、「五子祠」。「文昌閣」前方為「大士殿」，「蓬壺書院」則在照片左側未入鏡處。「赤崁五座」即建在當年的「普羅民遮城」上。

荷蘭時期，1653年， 因郭懷一抗荷事件，荷人遂在台江內海東岸興建「普羅民遮城」，做為防禦，和位於西岸的「熱蘭遮城」（安平古堡）遙遙相對，形成犄角之勢。「普羅民遮城」，俗稱「紅毛城」或「番仔樓」，其建築為三座略為方形的台座相接而成，每個台座之上皆建有西洋式樓房。城牆以糖水、糯米汁攪拌蚵殼灰作為接合料，以紅磚石為主要建材，疊砌而成，堅如磐石，經歷三百多年仍可見厚牆及拱圈遺構。

鄭成功驅逐荷蘭殖民政權，首先即攻下「普羅民遮城」，改置「承天府」。後來鄭經即位，廢承天府，城樓改充火藥、軍械庫之用，直到清咸豐年間，赤崁樓都做為軍火庫用途，但建築一直遭受破壞。1684年，施琅滅明鄭，台灣入大清，設福建省台灣府，大量閩粵人民移入。赤崁樓這個名稱從清代就有了，因早年「普羅民遮城」靠近海邊，漲潮時，海水常會淹到城下，而閩南人稱水涯的高處為「墈」，日久被誤傳成「崁」，也因城牆為紅磚所築，故稱赤崁樓。乾隆十五年（1750年）台灣知縣盧鼎梅，將縣署移建於赤嵌樓右側，加以修護管理，定時開放供人參觀，而有府城八景之一「赤崁夕照」的美名。同治元年（1862年） 台灣中南部大地震，早已改稱赤崁樓的「普羅民遮城」上，原已損壞的荷蘭建築全部倒塌。之後，台座上首次出現中式建築，信眾集資興建「大士殿」於城基中央，供奉觀音大士，用以震懾傳聞荷蘭人留下來的陰靈。中法戰爭期間，巡撫劉銘傳恐旁生事端，下令拆除殘餘的荷式城堡，「大士殿」亦受波及遭拆毀。光緒十二年（1886年） 台灣知縣沈受謙，為了振興文教，在台座西北側建「蓬壺書院」，並在城堡北側殘基上蓋「五子祠」（祀朱熹、程頤、程顥、張載、周敦頤五位宋儒），以及「文昌閣」。此外，沈葆楨奏准興建的「海神廟」，亦於南側完成。隔年，順應百姓要求，重建了「大士殿」於「文昌閣」前方。至此，赤嵌樓集廟、殿、祠、閣、院五種傳統建築於一地，人文薈萃，盛況空前。

1895年，日軍進駐台南府時，把赤崁樓改為「陸軍衛戍醫院」。1900年代，「蓬壺書院」因地震傾到，僅餘門廳。1911年，「五子祠」遭颱風吹垮。1917年，「陸軍衛戍醫院」遷移至步兵第二聯隊營舍北側的新院舍。1918年，台灣總督府國語學校台南分校，成立於赤崁樓，學生宿舍設於「大士殿」。隔年因「台灣教育令」的實施，該校改稱「台灣總督府台南師範學校」，1926年，新校舍落成，始遷離赤崁樓。1935年，殖民政府舉行始政四十年博覽會，赤崁樓被指定為古蹟，進行大規模的整修工程，「大士殿」因故遭拆除。此時，赤崁樓僅剩的「文昌閣」、「海神廟」及「蓬壺書院」門廳，則被修繕一新。台灣光復後，1961年將乾隆皇帝平定林爽文事件的九座滿漢紀念碑石，由大南門移至赤崁樓外，其基本型式維持至今。

赤嵌樓是少數台灣自荷蘭時期即存在的建築群，尤其在清代有著接近國廟的地位，受到官民的敬拜，中華文風鼎盛，無論在台灣建築和文化史上，都具有高度的象徵性。

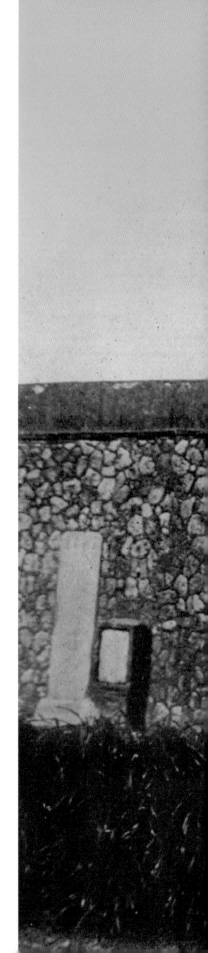

整修完成的台南赤嵌樓　（66頁）

1920年代，整修後的台南赤嵌樓，樓閣右起「海神廟」、「文昌閣」，原本最左的五子祠已於1911年毀於颱風，並未重建。「文昌閣」前方為「大士殿」，「蓬壺書院」的門廳則在照片左側未入鏡處。「赤崁五座」即建在當年的「普羅民遮城」上。1895年，日軍進駐台南府時，把赤嵌樓改為「陸軍衛戌醫院」。當時，「赤崁五座」俱在，包括三樓閣二平房的「海神廟」、「文昌閣」、「五子祠」、「大士殿」、「蓬壺書院」，均面朝西海岸的方向。當時，赤嵌樓已呈破舊，雜草叢生，此照片則是完成整修的面貌。

台南城大南門原貌

1900年，台南城大南門，此時城牆仍在。大南門又稱南大門，又名寧南門。城外有甕城，甕城外為墳場。台南城的前身為台灣府城，面積在福建省僅次於泉州城和福州城，是後來台北府城的約三倍大，頗具規模。晚清時期，台灣發展重點在台北，台南府城漸顯破舊，並延續至日本統治初期，就如此張照片顯示的破敗景象，處處露出內部的夯土。1907年起，日本殖民政府開始大舉進行都市改造，拆掉城牆和城門，最後僅保留大東門、大南門、小西門和兌悅門等四座城門。1935年，為慶祝台灣博覽會舉行，開始整修大南門。除了周邊綠化，就是石碑的蒐集。光復後，1960年台南市政府將福康安平定林爽文之亂的九座贔屭碑，自大南門遷移至赤崁樓。

鄉下露天搭台演出的傳統戲

1920 年代，鄉間露天搭台演出的傳統戲劇，台子簡單無華，通常是配合鄉下寺廟寺典活動。傳統戲是台灣民眾主要的文娛生活，舉凡歌仔戲、布袋戲、皮影戲、九甲戲等，均可見於大型祭祀和民俗活動中，其中歌仔戲由真人飾演，十分受歡迎。歌仔戲是台灣本土發展的劇種，不同於福建閩南的傳統戲劇，使用了台灣本地的日常口語和歌謠，演出內容包括中國古典故事和台灣民間典故，有著台灣清代濃厚漢文化的色彩。日本發動侵華戰爭後，警惕到歌仔戲是台灣人傳承中華思想的重要媒介，開始對台灣傳統戲劇的形式和內容進行規範和管制。

關仔嶺溫泉

日本時代的關仔嶺溫泉樣貌，關仔嶺為南部有名的溫泉勝地，溫泉會館多位在山間中，風景清靜秀雅，關仔嶺溫泉為硫磺溫泉，對呼吸道病和皮膚病都十分有益，直至今日仍是許多人的遊玩去處，遊客絡繹不絕。

屏東書院

1920 年代，屏東書院，為南台灣的中華文化重鎮。此書院於 1815 年建於台灣府的鳳山縣，書院是漢人相當重要的教育傳播單位，等同於學校。日本時代初，書院則逐漸被新式學校取代，最後廢止改為屏東的孔廟，建築本身後來年久失修、逐漸破敗。光復後重新修建，目前列為三級古蹟。

恆春古城西門前的自動車活動

1930 年代，恆春城西門，前方汽車為屏東林榮生自動車的汽車。此照片取自林榮生的家庭相片，由汽車活動無意間留下了此一時期恆春古城西門城門和城牆的畫面。恆春古城興建於 1875 年，主要在牡丹社事件後為加強恆春防衛功能而設。恆春舊稱琅，原隸屬鳳山縣，後另設恆春縣，以利管轄。恆春古城設四門，除南門明都門外，還有西門、東門和北門。古城主要商街在西南部，主要街道有縣前街、西門街、打鐵街、南門街、客人街、東門街、北門街與土地公街等等。隨著時代變遷，古城城牆均被拆除，不過四座城門則獲得保留。

花蓮港廳港市街另一景

1930 年代，花蓮港市街，此為靠近港口的民居建築群，顯得鬆散零落，不似花蓮港廳行政中心地帶建築的密集與繁榮。

花蓮日本移民吉野村 　（80 頁）

1930 年代，花蓮日本移民吉野村的面貌。由日本政府規劃的海外殖民地移民計畫，吉野村的日本移民主要來自四國德島縣吉野川沿岸的貧窮農民。在殖民政府的規劃下，以種植菸葉為生。不同於日本開拓團大規模地前往中國東北，日本政府大作宣傳，提供大量配備資源，包括訓練武裝民團，氣勢盛大，移民台灣的規模很小，較不受重視。

花蓮佐久間神社

1930年，花蓮佐久間神社建築，位於今花蓮天祥公園內。佐久間左馬太為第五任日本駐台總督，1874年曾參與攻打台灣屏東排灣族的「牡丹社事件」。1906年接任台灣總督後，開始推行「理蕃事業」，全面控制原住民部落居住地，以執行山林殖民開發工作。1914年，佐久間派出大軍從南北兩路以強大火力鎮壓花蓮太魯閣族的反抗，由於雙方武力相差懸殊，部落死傷極其慘重。1922年，日本當局在花蓮興建佐久間神社，包括本殿、拜殿、手水社和鳥居，主祀大己貴命與佐久間左馬太，以紀念其太魯閣戰役的「戰功」。光復後，此神社遭拆除，舊址改為天祥。以文天祥的「正氣歌」彰顯抗暴部落寧死不屈的精神。

清水斷崖

1930年代，花蓮清水斷崖的綺麗大自然景觀。台東到花蓮的沿海山崖公路的著名地段，清代曾經修建蘇老古道，日本時代中期後開始擴建路面，最早只能通行旅人。1925年，再度大規模擴建，將路面拓寬至3.56公尺，總長約120公里，包括9座大型橋樑，14處隧道，於1932年通車，命名為臨海公路，可單線通行小型車輛。光復後，改名蘇花公路，由於地形險峻，使用率不高，1980年代後大幅拓寬路面，強化道路兩旁工事，完成雙線通車，得以因應日益增長的觀光人潮。

清水斷崖以大清水溪至石硿仔為最陡峭及落差最大之處，此照片取自日本時代《台灣寫真大觀》，因施工困難，清水斷崖之通車亦視為重大工程成就，也代表了台灣東部奇景，令人無限嚮往。

馬公觀音亭

1920年代,澎湖馬公觀音亭,為當地代表性的觀音廟,也是澎湖縣境內歷史最長遠的古廟。觀音亭的前方可遠眺西嶼,最早於清初康熙年間興建完成,寺廟的規模相當宏偉,後來則在1884年中法戰爭時被破壞,寺廟裡面的文物和觀音像被法軍掠奪。另外,廟前的石獅十分特別,是由糯米漿、石灰以及黑糖水調和砌成的,堅固且長久未損,成為馬公觀音亭的守護指標。由於附近海邊有一道玄武岩形成的防波堤阻隔,因此觀音亭下方的水池平穩寧靜,是戲水的好去處。

新竹木造建築市集　（88頁）

1960 年代，新竹一處市集，仍然為木造建築，這種市集延續至日本時代，在台灣小型市鎮中經常可見，大約十年後，這些木造建築逐漸拆除，改為磚造的水泥房。

台南鄉下的茅草屋

1960 年，台南縣鄉下一處農村的孩子們，奔跑出來觀看外來的訪客，遠處即是農村最早見的茅草屋。早年台灣農村因受制於土地所有權分配問題，佃農的生活極為貧窮，一般農家均住在茅草屋或者五節芒草與泥土混合的土房，能住上土草厝的已經是生活較寬裕的小地主階層，至於磚石房則屬於極少數富裕的大地主。日本時代，當局大幅興建農業基礎設施，目的是將農業產量最大化，並沒有改變生產關係，亦不觸及土地分配問題，如此造成農民受到更嚴重的剝削。光復後，土地改革促成幾百年來首次根本的改變，然而前三十年農村生活多半仍然很苦，不過也逐漸改變，1970 年代後改善的幅度越來越大。此照片中茅草屋旁已經堆放大量的右塊，顯示這戶農家已經準備改建或增建石房。

載滿農產品的腳踏車

1960 年高雄市郊，一名農婦騎著腳踏車，滿載農產品。右
方是薛培德牧師的座車，停放在新舖好的柏油路上，薛牧
師下車獵影，將鏡頭瞄準過往形形色色的人們。

牛車拖著草繩

1960 年台灣南部鄉下，拖著成綑草繩的牛車。通常中間商由農村批發，再運到市區裡的五金行零售，草繩是這個年代最常使用的繩索。

房子前的空地

1960 年台灣南部，一處農舍前的空地，充分反映了農家的生產環境和景觀，空地通常為曬穀場，乾草可作為烘料，或結草繩。這張照片反映了農家生活的狀況，雖無一言一語，卻極其寫實傳神。對於日後成年離家的農村子弟而言，可以勾起許多回憶和感動。

農舍前曬黃豆根莖

1960 年台灣南部鄉下，一處農舍前空地上堆放著黃豆根莖。黃豆收成時，順便挖出糾纏盤結的根莖，鋪在空地上曬乾，可作多種用途。

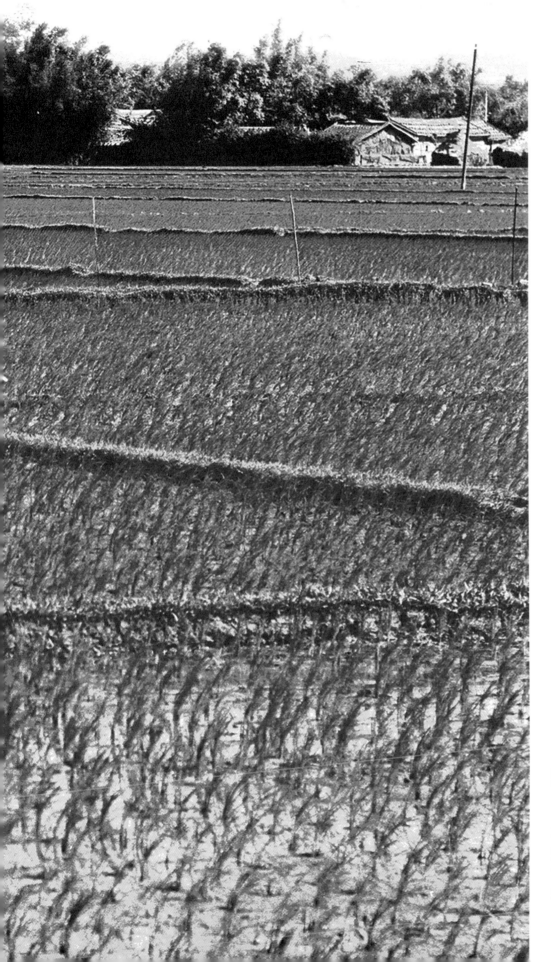

遠處的山脈

1960 年台灣南部，綿延的稻田，遠處的山脈為東邊的方
向。台灣中央山脈的主峰在中部地區，嘉義以南坡度逐漸
下降，台南、高雄、屏東等三縣山區範圍又縮小；相對地，
平地的空間增大許多。

利用農舍前的空地

1960 年台灣南部鄉下，一處農舍前的空地。一名農婦將黃豆根莖放在農舍前的空地曬乾，同時用「蓋」翻滾清理整平，以便能較快曬乾。由於養豬是農家重要的副業，黃豆種植和清理成了養豬事業重要的一環。而這些工作通常都是利用農舍前寬闊的空地來完成。

在農舍前進行打平的工作

1960 年台灣南部鄉下，一處農舍前。農民們將黃豆根莖放在農舍前空地，使用「蓋」將它打平。黃豆主莖長達 60 公分左右，根系成長快於地上的成長。黃豆營養極高，可作豆粉、豆漿、豆奶等，為世界性的流行健康食品。

蓋房子的女工

1960 年屏東街邊一處工地的女工拿著鏟子站在路旁。炎熱的南台灣的氣候，使得她幾乎將整個頭包起來。由於城鎮的擴張，到處都見蓋新厝的工地，塵土飛揚。

龜山島普陀巖的珍貴歷史影像

1960 年，龜山島普陀巖，此一時期龜山島尚未因國防軍演需要而集體遷出，因此這張龜山島居民的活動照片是十分珍貴的歷史影像。此廟最早為三太子廟，1967 年間改建成媽祖廟並更名為拱蘭宮，之後又改名為普陀巖。廟宇的紅色磚瓦製屋頂有著燕尾與雙龍的泥製裝飾，門窗結構為木造，外牆則塗有石灰做為多一層保護，位於龜尾湖附近，前方則為鵝卵石地，還有用鐵盆裝著髒衣物準備去洗衣的孩童。後方為鄉下常見的石造房屋，以當地隨手可得的鵝卵石作為牆面材料，曬乾的茅草來製作屋頂。

金門的街景

1960 年，金門街景，建築為具有南洋風格的閩南建築，與廈門島上的民居相近。照片中的金門正處於戰備狀態，有幾位官兵正在逛街。戰備時期的金門攝影活動受到嚴格的限制，此照由薛培德律師所拍攝，留下金門早年的市街原貌，十分珍貴。

金門的閩南風格村落 （110頁）

1960 年，金門的閩南風格村落，由於戰備時期受到發展的限制，金門的閩南建築群反而得以完整的保留。照片中從建築內部觀看的舊式村落景象，均為閩南的三合院式傳統建築，剛下完雨，地上仍有幾灘水池，遠方的風景則秀麗無雲。頂端處可以看見一般的傳統民宅通常不會設計的燕尾屋頂，風格較為樸素古雅，「合院」是由多間房舍組成的，並再區分為廳堂和廂房，廳堂是合院建築的主體，主要為供奉神明和祖先、接待賓客的空間，是三合院建築的中心，廂房則是廳堂兩側直向的屋舍，是睡覺、煮飯等生活起居的空間。

HISTORY 81
閃 耀 台 灣 二

台灣鄉村景觀 *1860-1960*

策畫執行	徐宗懋圖文館
中文撰文	徐宗懋
責任編輯	陳萱宇
主編	謝翠鈺
行銷企劃	陳玟利
藝術總監	陳怡靜
美術編輯	鄭捷云
數位彩色復原	陳怡靜、徐丹語、鄭捷云、李映彤

董 事 長	趙政岷
出 版 者	時報文化出版企業股份有限公司
	108019 台北市和平西路三段 240 號 7 樓
	發行專線：(02)2306-6842
	讀者服務專線：0800-231-705
	(02)2304-7103
	讀者服務傳真：(02)2304-6858
	郵撥：19344724 時報文化出版公司
	信箱：10899 台北華江橋郵局第 99 信箱
時報悅讀網	http://www.readingtimes.com.tw
法律顧問	理律法律事務所　陳長文律師、李念祖律師
印刷	勁達印刷有限公司
初版一刷	2022 年 6 月 10 日
定價	新台幣 480 元

時報文化出版公司成立於 1975 年，並於 1999 年股票
上櫃公開發行，於 2008 年脫離中時集團非屬旺中，以
「尊重智慧與創意的文化事業」為信念。

閃耀台灣．二，台灣鄉村景觀 1860-1960/ 徐宗懋圖
文館作．-- 初版．-- 台北市 ： 時報文化出版企業
股份有限公司，2022.06
　面 ；　公分．--（History ；81）
ISBN 978-626-335-422-7（精裝）

1.CST：台灣史 2.CST：鄉村建築 3.CST：照片集

733.21　　　　　　　　　　　　　　111006925

ISBN 978-626-335-422-7
Printed in Taiwan